sol nascente

Para expressar suas sugestões, dúvidas, críticas e eventuais reclamações entre em contato conosco.

CENTRAL DE ATENDIMENTO AO CONSUMIDOR
Rua Pedroso de Alvarenga, 1046 • 9º andar • 04531-004 • São Paulo • SP
Fone: (11) 3706-1466 • Fax: (11) 3706-1462
www.editoramarcozero.com.br
atendimento@editoramarcozero.com.br

É PROIBIDA A REPRODUÇÃO

Nenhuma parte desta obra poderá ser reproduzida, copiada, transcrita ou mesmo transmitida por meios eletrônicos ou gravações, sem a permissão, por escrito, do editor. Os infratores serão punidos de acordo com a Lei nº 9.610/98.

Este livro é fruto do trabalho do autor e de toda uma equipe editorial. Por favor, respeito nosso trabalho: não faça cópias.

Edmir Kuazaqui
Edna Kuazaqui

sol nascente

**um relato foto-histórico-geográfico
da imigração japonesa**

© 2008 Edmir Kuazaqui

Direitos desta edição reservados à Nobel Franquias S.A.
(Marco Zero é um selo editorial da Nobel Franquias S.A.)

Publicado em 2008

Dados Internacionais de Catalogação na Publicação (CIP)
(Câmara Brasileira do Livro, SP, Brasil)

Kuazaqui, Edmir
Sol nascente : um relato foto-histórico-geográfico da imigração japonesa / Edmir Kuazaqui, Edna Kuazaqui. — São Paulo : Marco Zero, 2008.

ISBN 978-85-279-0456-8

1. Centenário da Imigração Japonesa (2008) – Brasil 2. Economia 3. Fotografia 4. Imigrantes japoneses 5. Japoneses – Brasil 6. Japoneses – Brasil – História 7. Brasil – Emigração e imigração – Japão I. Kuazaqui, Edna. Título.

08-04286 / CDD–305.89560981

Índice para catálogo sistemático:
1. Japoneses: Centenário da Imigração Japonesa: Brasil : Sociologia
305.89560981

A saudade existe não porque estamos longe,
mas porque um dia estivemos juntos.

ANÔNIMO

Sumário

Apresentação   GOULART DE ANDRADE   8

Prefácio   DR. MITSURU HIGUCHI YANAZE   9

Agradecimentos   11

Nota dos autores   12

Capítulo 1
DEPOIS DOS SAMURAIS   14

O início no Porto de Santos   17

Raízes   18

Onde a história começou   21

Capítulo 2
A CIDADE DE SÃO PAULO   32

Capítulo 3

**AS CONTRIBUIÇÕES DA IMIGRAÇÃO
JAPONESA E AS HISTÓRIAS DE YOSHIE** 46

As histórias e ensinamentos de minha mãe 48

Gastronomia ou culinária? 48

Sobre a morte, a herança e os velórios... 51

Sobre as práticas diárias e comportamentos 52

Sobre as histórias lúdicas de família 53

O final 60

Capítulo 4

MEMÓRIA, CONSTRUÇÃO, CONHECIMENTO E CONTRIBUIÇÃO 62

O que é História e o que é Memória 64

Caderno de fotografias 67

Apresentação

Entender a quem o autor dedica esta obra será um sublime exercício de sensibilidade.

Não pretendam encontrar compromissos culturais tradicionais e hierarquia familiar no livro do Edmir.

Existe um compromisso maior: o compromisso com a emoção.

Emoção que passa pela sensibilidade das revelações fotográficas.

Neste livro, o leitor vai viver uma experiência lúdica, aquela sensação que se obtém com a leitura de antigas histórias em quadrinhos.

Tivera eu uma lupa para ampliar rostos, roupas, botinas, sapatos e expressões daquelas pessoas que emprestaram sua alma para uma lente fotográfica.

Invasão de almas!

Invasão de almas é isso, é assim que acontece.

Assim, também, é que se produz a mais rica expectativa em um romance – a realidade da ficção!

Edmir não é o autor deste livro. É um personagem.

Um humilde personagem.

Humilde o suficiente para conseguir contar uma estória dentro da história dos seus parentes.

Particularmente, surpreendo-me projetando enredos enquanto folheio as páginas deste livro.

"Saga Edmir Kuazaqui Sam"
Domo arigatô gozai masta

GOULART DE ANDRADE

Prefácio

Tenho o privilégio de conviver academicamente com o Edmir há mais de dez anos. Nesse período, acompanho com admiração seu incansável esforço em compartilhar conhecimentos, não somente por meio de suas aulas, mas também de seus livros.

Edmir é um daqueles professores inesquecíveis: humilde porém vigoroso, exigente porém atencioso, pequeno em estatura física porém ilimitado na busca do saber. Não é raro encontrar Edmir com um caderno, tomando notas que certamente resultarão em artigos e até mesmo em conteúdo de uma nova publicação.

Além das aulas e dos livros, outra paixão de Edmir são os animais de estimação, principalmente os gatos, homenageados nesta obra por meio de várias referências carinhosas.

Para garantir o esmero das aulas, a publicação contínua de livros e o cuidado generoso dos inúmeros animais de estimação, Edmir conta com a imprescindível ajuda de sua irmã e escudeira Edna, sem a qual não poderia manter as atribuições acadêmicas nas diversas instituições em que atua.

No ano em que a imigração japonesa no Brasil completa 100 anos, a porção *nikkey* do pesquisador Edmir não poderia deixar de aflorar. Assim, somos brindados com esta obra, resultado dos registros históricos feitos por Edmir e Edna no "amarelado" caderno de notas e da criteriosa seleção das fotos, carinhosamente guardadas nas envelhecidas, porém bem conservadas caixas de sapato.

Compartilhando parte da saga da família Kuazaqui, baseada nas histórias de sua saudosa mãe, Edmir e Edna permitem nossa inserção em sua intimidade, que revela um olhar sensível das vicissitudes de fatos alegres e tristes, que permearam o processo de adaptação dos imigrantes japoneses no Brasil.

Desejo a todos uma boa leitura!

DR. MITSURU HIGUCHI YANAZE

Agradecimentos

Agradecemos a Tyoko Kameoka (única filha ainda viva de Toyono) e a sua filha Mityio Nakajima, que ajudaram a elucidar dúvidas referentes ao passado da família, além de a todos que participaram das entrevistas. Agradeço ao dr. Haroldo Camargo Leitão e à dra. Márcia Gâmboa pelas orientações técnicas.

Ao dr. Mitsuru Higuchi Yanaze, a Goulart de Andrade, a Margareth Bianchini de Assis, à dra. Terezinha Otaviana Dantas da Costa e ao dr. Luiz Carlos Takeshi Tanaka.

Aos milhares de imigrantes que fizeram a história deste país.

Nota dos autores

Falar sobre a cultura de um país é, de certa forma, resgatar todos os hábitos, costumes e tradições de cada família que compõe uma determinada população de uma região, cada qual contribuindo de forma pontual ou muitas vezes subjetiva, como simples atores. Usualmente, tem-se de forma objetiva o subjetivismo do que é a cultura de um país ou mesmo de uma população, esquecendo-se um pouco do início, suas raízes, seu desenvolvimento e a evolução dos aspectos e situações que levaram ao que se conhece como cultura, na própria essência da palavra.

É importante o resgate da memória familiar e individual das pessoas que podem totalizar a essência do futuro. Vários livros, filmes e reportagens retrataram e discutiram a viagem no tempo. Obras de H. G. Wells e a primeira versão cinematográfica de seu livro *The Time Machine*, dirigido por George Pal, e até recentemente o *The Butterfly Effect* discutiram a volta no tempo para tentar resgatar e consertar o passado, o que traz conseqüências e impactos para o presente.

Em nosso caso, guardadas as devidas proporções, gostaríamos de voltar ao passado no sentido de abraçar e agradecer a nossa mãe, pois foram seus conselhos, ensinamentos e principalmente sua figura que nos serviram como referencial de tudo o que hoje somos e temos, e é com gratidão que reconhecemos e tentamos retribuir a todos e contribuir com todos. Foi a partir de seu referencial que construímos todo o nosso perfil moral, ético e humano.

Gostaríamos, assim, de frisar que a base deste livro teve início nas histórias de nossa mãe, Yoshie Kameoka Kuazaqui. Após seu falecimento, surgiu-nos a idéia de escrevê-lo e, para tal, coletamos depoimentos entre os parentes envolvidos, sobretudo de sua irmã, nossa tia Tioko. Realizamos também uma pesquisa documental, a fim de retratarmos por meio de fotografias um pouco da imigração japonesa, contextualizando os relatos aqui trazidos não só no ambiente histórico, mas também no geográfico e cultural.

Optamos por trazer, inicialmente, os acontecimentos que nos foram relatados na ótica – e naturalmente segundo a memória – de tia Tioko. Na segunda parte, trazemos os relatos que ouvimos de nossa mãe. O leitor perceberá como alguns detalhes ganham relevo ora numa, ora noutra versão. Mas acreditamos que é justamente esse jogo de complementações que nos faz melhor conhecer os personagens tão reais desta nossa saga familiar.

Do Porto de Santos, em 1908, posteriormente em Registro e Presidente Prudente, até os dias de hoje, no bairro do Ipiranga na cidade de São Paulo, pretendemos, com este trabalho, o resgate parcial da movimentação imigratória e migratória que tanto contribuiu para o desenvolvimento humano, cultural, econômico e social do Brasil. Por outro prisma, o registro eterno de um momento às vezes glorioso e às vezes triste, porém importante no contexto universal, mundial e nacional.

Os relatos que ora fazemos não buscam a linearidade, pois sua matéria principal é a lembrança.

Os autores

1

Depois dos samurais

HOTARU NO HIKARI

Hotaru no hikari mado no yuki
Fumi yomu tsukihi kassanetsutsu
Itsushika toshimo suguino towo
Aketezo kessawa wakare yuku

Tomarumo yukumo kaguiritote
Katamini omou chiyorozuno
Kokorono hashiwo hitokotoni
Sakikuto bakari utounari

Tsukushino kiwami michino oku
Umiyama tooku hedatsu tomo
Sono magokoro wa hedate naku
Hitotsuni tsukusse kuni no tame

Chidori no okumo Okinawa mo
Yashimano uchino mamorinari
Itaran kunini isaoshiku
Tsutomeyo wagasse tsutsuga naku

Hotaru no Hikari (à luz dos vagalumes)
Canção típica japonesa de despedida
Autoria desconhecida

Como toda boa história, esta se inicia num ambiente de mudanças e transformações. Com o final do período feudal e a transição para um Estado moderno, no século XIX, muitos camponeses ficaram sem trabalho no Japão, fato que causou forte tensão econômica e social, pelo alto índice demográfico, agravado ainda mais pelas guerras entre a China e a Rússia.

Outrora, a economia japonesa era calcada na agricultura, mas passou, posteriormente, para a manufatura e para a indústria, fazendo com que houvesse um grande êxodo rural de maneira muito rápida, fato que gerou desequilíbrios socioeconômicos.

Para equilibrar tal situação, no começo do século XIX, o governo japonês decidiu incentivar a emigração para outros países, fato este sustentado pelo estabelecimento do Tratado de Amizade, Comércio e Navegação entre determinados países, o que possibilitou a entrada de imigrantes japoneses e chineses em terras brasileiras, em 1895.

Os principais destinos foram o Brasil e os Estados Unidos da América. Na época, o Brasil necessitava de mão-de-obra, principalmente nas lavouras de café, uma das principais pilastras econômicas do país.

Os interessados foram obrigados a passar por um período de quarentena no Porto de Kobe, no Japão, onde se submeteram a exames médicos e aprenderam um pouco do idioma português.

O início no Porto de Santos

Em 18 de junho de 1908, os primeiros 793 japoneses chegaram à cidade de Santos, no navio Kasato Maru, com o objetivo inicial de trabalhar nas lavouras de café.

Na época, além das relações contratuais realizadas no Japão com as empresas, os imigrantes deveriam terminar a primeira colheita, bem como ressarcir todas as despesas advindas dos adiantamentos de viagem, e aquelas decorrentes do período de trabalho agrícola.

Entre os imigrantes, encontravam-se nossos avós maternos, Kameichi Yano e Toyono Kameoka, nascidos próximo da província de Kobe.

Entretanto, a queda dos preços do café no mercado internacional fez com que os fazendeiros e empresários abandonassem a idéia inicial; assim, cada Estado ficou com a incumbência e a responsabilidade de receber os imigrantes e gerenciar caso a caso e assumir ou não os custos e despesas de suas viagens. Com isso, eles foram submetidos a uma realidade bastante diferente da prometida, já que não havia condições mínimas necessárias de infra-estrutura social, o que fez com que poucos permaneceram na lavoura.

Mesmo assim, outro navio – o Ryouju-Maru – trouxe mais 906 imigrantes, em 1910. E um terceiro navio, o Nippon-Maru, aportaria 63 anos depois, em 1973, trazendo uma última leva de imigrantes japoneses, que já não se encontrava nas condições precárias da primeira imigração maciça.[1]

Ao que parece, naquela ocasião se estabeleceu uma espécie de regime semi-escravo, na medida em que os primeiros imigrantes ficaram presos às dívidas de viagem, bem como às despesas das estadas nas fazendas, eliminando a continuidade de sonhos estabelecidos antes da viagem, ainda em terras japonesas.

[1] Outra curiosidade é que a partir da década de 1980 o sistema se inverteu, pois emigrantes brasileiros aportaram em terras japonesas para suprir funções operacionais das empresas, haja vista a forte especialização da população residente.

Mas antes de falarmos da odisséia no Brasil, sentimos necessidade de relembrar um pouco um passado mais distante: o de Toyono Kameoka, ainda na época do Japão feudal. Para tal, neste primeiro momento, nos valemos das memórias de nossa tia materna, Tioko, com quem estabelecemos longas e prazerosas conversas, num exercício interminável de catar e joeirar lembranças, como o garimpeiro, com sua bateia, cata e extrai o ouro dos rios...

Raízes

Os relatos da tia Tioko iniciam-se com a lembrança de que Toyono Kameoka nasceu no dia 22 de janeiro de 1895, após a revolução Meiji, na ilha de Shikoku, estado de Hehime (ilha de Shikoku, o quarto estado dos Hehime, Tokushima, Kagawa e Koroti). Ficou órfã de pai aos quatro anos de idade e herdou os bens da família.

Perdemos o registro de sua vida desde então, e só conseguimos resgatá-lo já em sua fase adulta.

Já adulta, no Japão, vivia da renda do aluguel dos sobrados, e da venda de quimonos que fazia, sob encomenda, em um tear manual. Ela e seus parentes próximos mantinham vários canteiros, arrendados a famílias que cultivavam arroz. Em pagamento, recebiam parte da produção, vendida ou trocada por verduras e outros gêneros alimentícios. No outono, época da colheita, passavam vários dias na casa de um tio. Faziam mutirão com os vizinhos para a colheita.

Cursou o ginásio e posteriormente participou de alguns cursos com a professora Mitsuko, como o da cerimônia do chá, ikebana e corte e costura. Com seus parentes, participava anualmente no dia 3 de março do Hina Matsuri, literalmente o Festival das Bonecas, para celebrar o crescimento saudável das meninas da família.

Sempre se recordava da infância e contava que ao chegar o *shogatsu*[2], no dia 31 de dezembro, iam duas pessoas a sua casa para socar *moti*[3] dentro de uma panela em banho-maria, tradição milenar que ainda se perpetua no Japão e anualmente no bairro da Liberdade. Cortava tudo em quadradinhos, secava

2 Último dia do ano no calendário japonês.

3 Prática tradicional seguida até os dias de hoje, em que profissionais são convidados para o ritual do *moti*, espécie de bolinho de arroz, como é feito anualmente no bairro da Liberdade, em São Paulo.

e guardava em latas. Quando chegava o verão, o dia ficava longo, torravam, faziam arare (sic), que consiste em expor o *moti* ao sol e depois fritá-lo.

A nossa avó criou uma sobrinha, cujos pais morreram de doença (não sabemos a sua idade). Só sabemos que ela é mais velha que mamãe, porque quando a mamãe veio para o Brasil, ela já estava casada.

Quase nada sabemos da família de nosso avô, apenas que seu sobrenome é Yano, que nasceu em 25 de julho de 1888, que tinha outros irmãos (Mankiti, Fussae e Sumiko) e uma amante.

Também nada sabemos de como Kameichi Yano e Toyono Kameoka, nossos avós, se conheceram.

Sabemos que Kameichi, como outras pessoas, em certa época do ano, principalmente no inverno, migrava para outras regiões do país em busca de trabalho, sobretudo em fábricas, como a de saquê.

Toyono era filha única e por isso, no Japão, para continuar o sobrenome da família (Kameoka), ela o pediu em casamento, e o nosso avô, que ficou sendo Kameichi Kameoka, perdeu o sobrenome Yano, condição que os homens do Japão não gostavam.

Na época, ele tinha um filho de dois ou três anos. Não se sabe se era da esposa oficial ou da amante, o que se comentava é que ambas eram de famílias pobres. A nossa avó mandou trazer o filho porque ela gostaria de cuidar dele – como de costume —, mas não logrou êxito.

Nosso avô chegou às terras brasileiras com pouco mais de vinte anos de idade, tendo vendido todos os seus bens no Japão para subsidiar a viagem. Antes disso, separou-se da primeira esposa.

Não há informação sobre como foi a viagem do Japão até as terras brasileiras, por falta de registro e memória.

Onde a história começou

De trem, lembra Tioko Nakajima – a única filha de Toyono ainda viva –, a família Kameoka foi mandada do Porto de Santos ao interior do Estado de São Paulo. A refeição servida na viagem foi sanduíche de mortadela (que nunca haviam experimentado e acharam com gosto e aroma ruins).

Chegando ao destino, uma fazenda de café situada em Mogi das Cruzes, próxima a Brodósqui, interior de São Paulo, foram morar num casebre – "igual a um galinheiro", para não dizer pior, desabafa Tioko –, junto com outros imigrantes.

A rotina diária consistia em acordar bem cedo, com o sino do feitor da fazenda. Cada membro da família tinha a sua parte para cuidar. Se tudo estivesse bem cuidado e o trabalho em ordem, dava para cultivar um pouco de arroz para consumo próprio. Toyono nunca tinha trabalhado nos serviços de roça e no cabo da enxada, por isso sofreu muito.

Lembramos que, na época, o grau de desenvolvimento dos grandes centros urbanos era bastante precário; o que dizer, então, do das cidades do interior? A fazenda não oferecia nenhum tipo de comodidade ou infra-estrutura, tampouco vaso sanitário, já que era hábito local fazer as necessidades no próprio cafezal para adubar a terra. Havia um tradutor japonês, porém, era realmente difícil a comunicação entre as partes, e, não raro, ocorriam fatos que provocavam risos entre todos. Podemos citar um exemplo: Toyono levou farinha de trigo e outros ingredientes para fazer pão e usar o forno na casa do feitor; mas algo que ela falou foi compreendido de outra forma, e o feitor disse "obrigado" e pegou a farinha, como se Toyono a tivesse levado para ele. Mais tarde foi caso de riso, pois lembrou das dificuldades e dos gestos utilizados.

Nasceu, então, uma filha chamada Harue, que antes de completar um ano de idade, morreu de sarampo.

Antes de completar o contrato, Kameichi viajou para Registro, onde havia a Kahiko, uma companhia do governo japonês que prestava serviços aos imigrantes. Com muito trabalho e economias, conseguiu comprar 40 alqueires de terra, mandou derrubar a mata e construiu uma casinha. Fizeram queimadas para começar a plantação de arroz, um pequeno pomar e uma horta.

Kameichi e Toyono tiveram sete filhos, assumindo o sobrenome Kameoka: Takao, Issamú (apelidado de Carlos), Mitsuko (apelidada de Margarida), Kikue (apelidada de Paula), Yoshiko, Tioko e nossa mãe, Yoshie (apelidada de Terezinha), que posteriormente casou na cidade de São Paulo com Iorucika Kuazaqui, de Presidente Prudente. Kameichi teve ainda um filho aqui no Brasil, Takeshi Yano, com outra pessoa e que permaneceu em Registro, mesmo depois de a família Kameoka ter emigrado para a cidade de São Paulo.

Quando acordava, Toyono, ao preparar o café da manhã, primeiro precisava fazer fumaça para espantar os pernilongos, prática rudimentar, mas que surtia bons resultados. Depois de alguns anos, plantou cana-de-açúcar e começou a produzir açúcar mascavo e pinga, montando então uma usina. Nessa época, comprou um cavalo que dizia ser muito inteligente.

Depois de dez anos de trabalho, quando Toyono contava 33 anos, nasceu Mitsuko, em fevereiro. Uma parte da família embarcou para o Japão, exceto Toyono, Tyoko e Yoshie, que nasceram depois do retorno da viagem.

Takeshi e Takao já eram adolescentes e ficaram um ano no Japão. E Toyono ficou muito contente quando voltaram de surpresa para Registro.

Nessa mesma época, Kameichi Yano, nosso avô, ficou muito doente e foi hospitalizado. O médico diagnosticou errado a doença e atestou que era "cak" (sic), causada por falta de ingestão de verdura em virtude da viagem de navio, que durou vários meses. Mas, na verdade, tratava-se de outra doença, que mais tarde causou sua morte.

Em 17 de fevereiro de 1931, nasceu Yoshie. A recuperação parcial de Kameichi também foi rápida e passaram-se anos calmos, até que estourou a Revolução de 1932. Como a casa em que moravam ficava próximo à estrada principal, caminho das tropas, todos ficaram (a sua família e outras) escondidos numa casa no meio do mato durante cerca de duas semanas, por receio de retaliações.

Nosso tio Takao contava dois fatos curiosos dessa época: uma vez, os soldados cruzaram com nosso avô, Kameichi, que os presenteou com maços de cigarros, para que eles lhe franqueassem o caminho; outra história está relacionada a um dos homens de outra família. Com uma grave doença, que se dizia na época incurável (ao que parece, câncer), fugiu e ficou, por meses, alimentando-se apenas de folhas, em especial o agrião. Quando voltou, estava curado da doença.

Depois de passada a Revolução, as coisas começaram a engrenar novamente. Todo o açúcar e a pinga que produziam eram transportados e embarcados no Porto de Santos. Vendiam para Doi-Sam, um rico comerciante que morava naquela cidade portuária. O comerciante tinha ainda outros negócios, como um hotel. Quando Tioko foi cursar culinária na cidade de São Paulo, conheceu a filha de Doi-Sam, e esta comentou que seu pai falava muito de Kameoka-Sam.

Kameichi gostava muito de carne de porco e estava tão gordo que nem conseguia amarrar o cadarço dos sapatos. Devia ter taxas de colesterol altíssimas. Lembra Mitiko, vagamente, daquele fatídico dia 25 de março de 1935: ele estava acamado, porque na semana anterior teve tonturas e tinha caído da janela – não sabemos se sentiu falta de ar e abriu a janela por causa disso. O médico (único médico japonês) medicou-o e mandou que repousasse. Naquele tempo, não se falava em colesterol. Yoshie estava com quatro anos e Mitiko com seis. Naquele dia, Yoshie e sua família estavam na outra casa (fábrica) e Kameichi estava na moradia. Acordou, veio andando e balançando o braço, disse que o braço estava com um forte formigamento. Nem acabou de falar e caiu devido a um enfarte fulminante.

Até então todos eram muito felizes, e Toyono era o centro aglutinador natural e tradicional, enquanto Kameichi proporcionava os recursos necessários ao sustento da família. Na época, Carlos tinha concluído o ginásio ou colegial e um professor japonês mandou uma carta para Toyono, pedindo-lhe para falar em particular, pois queria que o mandasse estudar na cidade de São Paulo, porque era inteligentíssimo e tinha futuro brilhante.

Paula casou com Takao, vulgo Jorge, e posteriormente foram morar no bairro do Belenzinho (na quarta parada do trem), na cidade de São Paulo.

De forma natural, a administração da família passou para o filho mais velho. De açúcar e pinga, começou uma plantação de chá e a criação de bicho-da-seda.

Todos, vovó e nossos tios, trabalhavam até as 21 horas, quando terminavam de fazer o último tacho de açúcar. Tomavam banho e, quando iam dormir, já eram 22 horas. Foi nosso avô quem ensinou aos outros produtores a fabricar açúcar mascavo sequinho.

Muitas histórias povoam as memórias da época: o relato de ladrões que invadiram a usina; as histórias dos *bentôs* – porções individuais de comida japonesa dispostas criteriosamente em divisões em bandeja – preparados para os funcionários da usina; o costume de, em dias de chuva, montarem arapucas para a captura de pássaros para consumo alimentar.

Uma das histórias mais repetidas é a seguinte: em uma noite, a família estava passando pelas matas da cidade de Registro, quando todos viram um senhor de cor negra, sentado em um tronco de árvore e uma grande bola de fogo. Toda a família passou correndo, com medo. E, no dia seguinte, visitaram o local, onde restava somente o tronco queimado, sem vestígios do homem.

Outra história é a de um vizinho que foi capinar seu terreno e sentou no que acreditava ser um tronco verde. Na verdade, o tronco se movimentou e era uma cobra. Assustado, voltou correndo para sua casa, contou a história para a esposa e logo em seguida foi acometido de um enfarte fatal.

Depois que a legislação brasileira ficou mais exigente, passou a ser necessário registrar até os irmãos que trabalhavam e os amigos camaradas – que não eram poucos. Também era necessária a emissão de nota fiscal dos produtos produzidos e vendidos. Eles tinham dois tonéis enormes, que iam do chão ao teto, para colocar pinga (que não é cachaça e segue outro modo de preparo).

Quando Kameichi morreu, Assataro fez uma reunião familiar. Quanto havia no banco não sabemos, mas ele mandou Takao depositar em nome de Toyono 3.500 réis. Sua morte fez também com que os filhos com Toyono migrassem para São Paulo. Todavia, até hoje, mora na cidade de Registro um primo, Kazuo Sakoda, comerciante.

Foi essa morte que também fez com que tia Tioko e nossa mãe, Yoshie, ficassem mais unidas, sobretudo porque, segundo nossa tia, as primas maltratavam ambas: tinham ciúme pelo fato de o tio Takao lhes dar mais atenção. Foram criadas com o amparo de Paula, que alimentava as irmãs mais novas com leite condensado. Jorge contava que Mitsuko e Yoshie não ficavam quietas. Davam cambalhotas, pulavam e brincavam.

Quando Toyono ficou doente, em 1979, Jorge veio visitar a vovó. Várias lembranças do passado vieram à memória. Yoshie foi uma ótima aluna, tendo inclusive recebido um prêmio na escola. De sua memória do período escolar, temos um relato prodigioso: havia uma aluna muito chata, arredia e que contava muitas mentiras a quem, um dia, a professora prendeu no banheiro. Pouco depois, ela começou a gritar dizendo que havia uma cobra no banheiro, mas a professora não lhe deu atenção. Depois de algum tempo e de silêncio, a professora foi abrir a porta do banheiro e, atônita, viu que realmente uma cobra tinha engolido a menina. A professora fugiu em desespero, porém foi morta pela espingarda do pai da aluna.

Lembra Tioko que, na época em que moravam em Registro, o verão era extremamente abafado e insuportável. Na beira da estrada havia um milharal. Tia Tioko e nossa mãe iam ver se o milho já estava no ponto de poder ser assado. Estavam com oito e nove anos, respectivamente, nessa época, e vestiam apenas uma peça íntima chamada combinação (não era de alça). Takao viu, e até hoje Tioko não se esquece de que ele ficou bravo, brigou com a vovó, disse que as pessoas que estavam passando na estrada tinham visto. Talvez a preocupação de Takao fosse que as pessoas pensassem que ele não comprava roupa para as irmãs. Sempre falava: "Se alguém apontar o dedo para nós, porque fez coisa errada, não vou perdoar." Tioko e nossa mãe ficaram, assim, traumatizadas com a morte do vovô. Além disso, nossa avó não tinha tempo de lhes dar atenção. Assim que terminou a quinta série, Tioko foi morar com Paula, com quem ficou durante muitos anos.

Takeshi e Takao já estavam casados. Takeshi foi morar nos dez alqueires que vovô tinha comprado. Eram vizinhos.

Tia Tioko descobriu, muitos anos depois, ter um pretendente na época de Registro, que estava esperando que ela crescesse para pedi-la em casamento. Era Yoshiko (família Yamaguishi), que se mudou para São Bernardo do Campo, onde tinha plantação de pêssegos e praticava a avicultura. Disse que, quando criança, morava em Registro. Nem sabíamos.

É ainda tia Tioko quem lembra das histórias de saci-pererê ouvidas da mãe de Kessao (Paulo). O tio da mãe de Kessao tinha uma plantação de café. Tia Tioko e mamãe não chegaram a conhecer o lugar, porque moravam bem distante. Já era tarde, escurecendo, os dois meninos – um deles Takao, pai de Kessao – foram cortar o capim da beira do cafezal para dar aos cavalos. Cortaram, já estavam se arrumando para voltar, quando viraram para trás, atrás do pé de café, viram um saci-pererê com um pé, pretinho, os lábios bem vermelhos, olhando. Deixaram cair tudo e correram muito.

Todos os anos no Shogatsu, Doki-Sam e a tia visitavam nossa família em Registro. Não sabemos quantos anos Carlos trabalhou com Doki-Sam. Ficou sem dar notícias por mais de dez anos. A vovó rezava todos os dias para ter notícias dele, segundo tia Tioko.

A dona Imaya, para quem Margarida trabalhava, contava que Margarida queria fazer um anúncio na rádio para encontrar Carlos. Numa noite de carnaval, dona Imaya e Tioko foram assistir ao carnaval – não era nem desfile foram ver as vitrines, mesmo. Estavam andando na calçada da Avenida São João. Já haviam percorrido mais da metade da avenida, quando, de repente, Tioko virou para o outro lado da avenida e viu o vulto de uma pessoa que ia entrar na Avenida Ipiranga. Era nosso tio Carlos. Ela gritou, mas era impossível que ele a ouvisse. Saíram correndo e alcançaram-no quase no final da Avenida Ipiranga.

Quando o alcançaram, dona Imaya perguntou se era Kameoka-Sam. Carlos não respondeu, perguntou quem era a jovem que a acompanhava. Dona Imaya falou que a moça era Tiyoko Kameoka. Souberam que Carlos trabalhava como motorista de um açougue que entregava carne a pedido do freguês.

Foi Tioko quem enviou uma carta à vovó, informando que havia encontrado Carlos. A vovó estava doente, acamada, naquele fevereiro abafado. Mas, quando recebeu a notícia, disse que "sarou", de tão contente que ficou. Foi assim que Carlos foi encontrado. Dona Imaya "arrumou" noiva para Carlos e fez o casamento.

Nas lembranças de tia Tioko está o fato de que ela já trabalhava para a dona Imaya, quando a casa de Registro foi comprada por alguém que a desmontou e levou para outro lugar. Era uma casa construída por um marceneiro japonês, toda encaixada.

Tia Tioko diz que, naquela época, ela era meio cigana, sem paradeiro. Assim que terminou de cursar o grupo escolar, foi morar com Paula. Depois de alguns anos, veio para São Paulo. Posteriormente, ficou noiva, e foi morar com a família do padrinho de casamento, e dali foi para Paranavaí. Voltou. Teve uma vida com altos e baixos, sempre morando em casa alugada. Não sabe quantas vezes mudou de residência. A vovó falava: " A Tioko dá um endereço, mas quando vem outra vez já está em outro." A única que nunca saiu de casa foi nossa mãe, Yoshie.

Mamãe foi para a casa de Paula, em Sorocaba, na época em que esta tinha um bar. Mamãe cursou datilografia e comentava que tinha de comprar todos os dias berinjelas, que eram refogadas com cebolas e *missô*, que Jorge vendia com as pingas – carros-chefe do bar.

Concluindo, da mesma forma que outros emigrantes japoneses, a família Kameoka chegou ao Brasil em condições bem diferentes das prometidas. Tiveram de se adaptar e submeter em muitos casos a situações desagradáveis. Inúmeras vezes, somente a saudade ou mesmo a vontade de construir um novo lar é que subjugou a possibilidade de desânimo e derrota.

Os relatos a seguir são oriundos de nossas lembranças daquilo que vivemos e das narrativas de nossa mãe, Yoshie.

2
A cidade de São Paulo

Alguma coisa acontece
Em meu coração
Que só quando cruza a Ipiranga
E a avenida São João
É que quando cheguei por aqui
Eu nada entendi
Da dura poesia concreta
De tuas esquinas

SAMPA
Caetano Veloso

A migração interna decorreu do fato de as cidades inicialmente visitadas não mais suprirem as necessidades da população, impulsionando-a para os grandes centros urbanos – neste caso, a cidade de São Paulo. Contrariamente à idéia de que o bairro da Liberdade foi o grande pólo atrativo da comunidade nipônica, outros bairros – como a Penha, Itaquera e Ipiranga – foram atraindo de forma menos numerosa e menos concentrada os migrantes, muitas vezes por conta da oferta de imóveis. De Kameichi e sua esposa Toyono, que chegaram a montar uma usina de açúcar e álcool, à família Kuazaqui, que montou três indústrias de brinquedos no bairro do Ipiranga, levando progresso e desenvolvimento econômico e social para a região, evidencia-se neste pequeno recorte uma parte da contribuição nipônica para o país.

Mamãe, Yoshie, contava que se casou por meio do *miai* – casamento arranjado – aos 23 anos de idade na década de 1950, já na cidade de São Paulo. A família Kuazaqui instalou-se na Rua do Chaco, no Moinho Velho, no bairro do Ipiranga. Iorucika trabalhou um bom tempo na Indústria de Plásticos Beija-Flor, no mesmo bairro, fabricante de brinquedos e peças de plástico injetado. Posteriormente, trabalhou como sócio minoritário da Indústria de Plásticos Piloto, outra empresa de plásticos; e, finalmente, fundou a Indústria de Plásticos Três Reis, na Rua Alencar de Araripe, na década de 1960, essencialmente voltada à produção de brinquedos de plástico injetável. Na época, um grande diferencial da empresa era a fabricação de brinquedos listrados e todo o processo era realizado de forma manual e numa linha de montagem em que os brinquedos eram retirados das máquinas injetoras, cortados e montados por funcionários.

Yoshie acompanhou de forma exemplar seu marido, ajudando-o nos serviços adicionais da Beija-Flor, Piloto e Três Reis, na montagem de brinquedos, na montagem de bonecas, nos serviços do lar e, principalmente, na formação de seus filhos. As lembranças que temos da época são de uma mulher que trabalhava horas e horas dentro de um ambiente nada inspirador, muito quente e insalubre. A presença de parentes paternos dos quais meu pai tinha de cuidar em razão de ser filho homem, segundo a tradição japonesa, piorava ainda mais a situação.

Foi exemplar a forma, o caráter moral e ético como Yoshie conduziu seus filhos e o dinamismo que sempre manteve em situações com várias barreiras e dificuldades econômicas e familiares, o que, muitas vezes, redundou em sofrimentos pessoais, expressado em choros e desabafos conosco, inclusive.

De acordo com o hábito cultural já citado e cultuado no Japão e seguido por alguns descendentes até hoje, o filho mais velho tem o dever de cuidar dos pais na velhice, herdando, entretanto, os bens da família.

Iorucika, nosso pai, sendo o filho mais novo, porém, com seis irmãs – algumas em melhores condições econômicas –, arcou com essa responsabilidade e sem a contrapartida da herança, uma vez que seus pais nada tinham. Isso prejudicou a felicidade de sua família – esposa e filhos – em decorrência de uma tradição nipônica hipócrita.

Yoshie Kameoka Kuazaqui teve cinco filhos: Edson Toshiassu, Edmur Teruiassu, Edna, Ednéia e eu, Edmir. Conforme o planejamento informal familiar, Ednéia seria a última a ser tida por mamãe. Entretanto, uma bola chutada atingiu o ventre de nossa mãe durante a gravidez e o bebê, que recebeu o nome de Ednéia, nasceu morto em 12 de março de 1962. No ano seguinte, grávida novamente, nasceu Edmir.

Vamos, então, apresentar mais detidamente o núcleo familiar de Yoshie:

Edson Toshiassu Kuazaqui, nosso irmão mais velho, nasceu em 2 de maio de 1954, um bom exemplo de taurino. Passou a infância brincando, como todos os outros garotos de sua época e região, nas proximidades do Sacomã e do velho "campão"[4]. Seus amigos eram Carlão, Nagai, Bodão, Shigueru. Tinha certas reservas com um primo, oriundas das diferenças de formação acadêmica, decorrentes da já comen-

4 Nome dado a uma área descampada, onde se situa atualmente a favela do Heliópolis.

tada tradição japonesa – enquanto nossos primos paternos puderam estudar, nossos irmãos tiveram certos limitadores financeiros. Lembramos de seu grande dom artístico, muito mal aproveitado e no qual nada se investiu. Edson não teve oportunidade de melhorar sua técnica por meio de estudos, embora desejasse cursar a Escola Panamericana de Arte. Gostava de música e seus artistas preferidos eram Frank Zappa, Focus, Steele Dan, o que permite pressupor, de certo modo, qual era sua tendência artística. Carregou por toda a vida a mágoa de não ter podido aprimorar-se, devido à falta de recursos familiares. Completou o curso técnico em Propaganda e Publicidade no Colégio Técnico Modelo, no bairro do Ipiranga, onde havia um professor que o elogiava muito, Luiz, arquiteto formado pela Faculdade Farias Brito, em Guarulhos. Trabalhou como decorador nos supermercados Bompreço, Carrefour e Pão de Açúcar, onde se destacou. Tinha um sonho, do qual tomamos conhecimento só depois de seu falecimento, em 2 de junho de 2004: escrever uma revista. Curiosamente, meses antes de sua morte, eu, Edmir, pensei várias vezes em convidá-lo a escrever e produzir uma revista em quadrinhos e sempre tive em mente comprar um imóvel e fazer com que ele e sua família vivessem com mais segurança.

Uma lembrança muito forte que trago de Edson data de quando eu tinha uns sete anos de idade. Em meio àquelas intermináveis reuniões para discutir os destinos de meus avós paternos, ele me aconselhou, nas escadarias de casa, que eu trabalhasse e estudasse, para ser diferente dele.

Era o preferido de nossa mãe, ou talvez ela depositasse nele um amor maior devido ao fato de ser o primeiro filho e às condições precárias que meu pai impôs à família. Deixou um segredo com uma das irmãs de meu pai.

Edmur Teruiashu Kuazaqui nasceu em 15 de julho de 1955, e sempre deu a impressão de ser o mais empreendedor entre os irmãos, pois costumava ser líder em atividades de negócios e sociais, inclusive foi o primeiro a adquirir um carro e a casar. Também estudou Propaganda e Publicidade no Colégio Modelo e trabalhou vários anos no Banco Itaú e no Restaurante de Aeroportos (RA), unidade da empresa sediada no Aeroporto de Guarulhos. Lembramos de um acidente de carro no qual se envolveu, na época em que era moda a saída de grupos de pessoas, principalmente no bairro da Liberdade.

Edna Kuazaqui nasceu em 15 de fevereiro de 1957. Foi o apoio de nossa mãe, inclusive após saber que ela tinha graves problemas de saúde. Cursou o primário e ginásio na Escola de Primeiro Grau Manuela Lacerda Vergueiro e no Colégio Estadual de Primeiro Grau Antonio de Oliveira (Cepao), ambos no bairro de São João Clímaco. Queria ser bailarina, mas graduou-se em Direito em 1979 pela Faculdade de Direito de São Bernardo do Campo. Também trabalhou na Três Reis e tem como *hobbies* os *origamis* da vida e o trato dos animais de estimação – os gatos. Adotou como sua gata preferida a Lili, da qual falaremos adiante. Nossa mãe sempre contava uma história relacionada a Edna. Ela tinha poucos meses de vida e estava no berço, nos fundos da casa onde moravam. Mamãe trabalhava em um dos cômodos da frente da casa, quando notou sua filha correr a sua frente. Assustada, correu para o cômodo do fundo, onde viu horrorizada que um grande travesseiro havia caído sobre a Edna e a estava asfixiando. Esta é uma – entre tantas outras – das histórias esotéricas de nossa família.

Eu, *Edmir Kuazaqui*, nascido em 25 de janeiro de 1963 no Hospital e Maternidade Leão XIII, hoje Hospital e Maternidade São Camilo, cresci em um ambiente no qual participava de todos os sofrimentos de mamãe, o que, talvez, tenha me incutido um perfil empreendedor. Cursei o ensino básico na

Escola Manuela e posteriormente o curso de Edificações no Colégio Técnico Modelo, tendo sido homenageado em 2004. Cursei Administração com Habilitação em Comércio Exterior nas Faculdades Integradas Tibiriçá e posteriormente pósgraduei-me em Marketing pela Escola Superior de Propaganda e Marketing (ESPM). Com uma necessidade muito forte de crescimento e evolução, prossegui meus estudos em Administração, com o doutoramento em 1998, pela Universidade Presbiteriana Mackenzie. Profissionalmente, trabalhei alguns anos na Indústria de Plásticos Três Reis e em 1992 ingressei na Sodril Distribuidora de Títulos e Valores (do grupo do Bank Boston) e em novembro de 1982 no Bank of London & South America (Bolsa) e foi a partir dessa experiência que meu perfil profissional e pessoal foi se moldando. Trabalhei nos setores de cadastro, informação, câmbio e crédito e saí da instituição em 1996, que nessa época era o Lloyds Bank, que havia incorporado o Bolsa. A empresa, de origem inglesa, abriu-me diversas possibilidades e meu campo de visão. Fui proprietário fundador da Games People Play, empresa comercial exportadora e importadora e sou, atualmente, consultor presidente da Academia de Talentos. Comecei minha carreira docente em 1989, como monitor da disciplina de Marketing, na época sob a responsabilidade do prof. Egydio Barbosa Zanotta, na Tibiriçá, sob a direção do dr. Hilário Torloni. Posteriormente, lecionei em várias instituições de ensino superior em cursos de graduação e pós-graduação, obtendo inclusive a Coordenação do Mestrado em Administração de Serviços. Devido à experiência acadêmica e profissional, montei, em 1993, o primeiro curso de pós-graduação em Marketing Internacional no Brasil e posteriormente também assumi a coordenação do curso de pós-graduação em Administração Geral na Universidade Paulista (Unip).

A família adquiriu um grande terreno no bairro do Sacomã, próximo ao bairro de São João Clímaco, na década de 1960. O imóvel foi comprado em sociedade com um colega de trabalho da Beija-Flor e foi feita a seguir a construção da casa, na qual, posteriormente, funcionou a Três Reis. A região tinha pouca densidade populacional, por isso havia áreas com mato e escorpiões.

Nessa época, os vários parentes do lado materno já estavam instalados na cidade de São Paulo, inclusive nossa avó, em Sapopemba, e posteriormente na Vila IVG.

Uma de nossas grandes lembranças de infância são as visitas a nossa avó em seu pequeno sítio. Passávamos próximo a uma igreja redonda e adentrávamos o terreno, em que havia um pequeno lago, algumas pequenas plantações e dois grandes cães de guarda, que nunca receberam nomes. Por ocasião do almoço ou jantar, eram unidas várias mesas de madeira e encapadas com jornal e papel manilha – o que era hábito na época –, a fim de atender ao sempre grande número de parentes e convidados. Um dia, houve uma grande enchente no local e nossa avó materna quase se afogou, não fosse seu filho, Takao, acudi-la com presteza. Quando recebeu o socorro, tinha nas mãos uma imagem partida de Nossa Senhora Aparecida, que é também considerada a santa protetora de nossa mãe.

Outra lembrança de infância é a moda – comum na década de 1970 – de se passar os finais de semana nas praias da cidade de Santos. Era normal a saída de ônibus fretados do bairro do Jabaquara e o "êxodo" dos "farofeiros" das cidades circunvizinhas rumo a Santos. O termo "farofeiros" teve origem no hábito que os turistas tinham de visitar a cidade munidos de frango e farofa regado a Tubaína. Também era moda enterrar melancias na areia por horas e depois comê-las, pois se tornavam mais fresquinhas.

A partir da década de 1990, houve o recrudescimento e a valorização da zona litorânea, e diminuiu muito a freqüência dos "farofeiros", que somente utilizavam o atrativo natural, sem, contudo, consumir produtos e serviços beneficiados.

Mas vamos falar um pouco do tio Takao e seu filho Paulo. Eles possuíam um grande número de barracas de feira; por esse motivo, construíram uma estufa para que as bananas pudessem amadurecer de forma mais rápida, tal a demanda exagerada pela fruta.

Por ocasião da doença de Toyono, que resultou na amputação de uma das pernas, as filhas tiveram de acompanhá-la diariamente e durante meses, em seu tratamento, até que veio a falecer em 1979. Logo após, em decorrência do estresse do acompanhamento diário e da necessidade de trabalho cotidiano na fábrica para ajudar no sustento da família, Yoshie também adoeceu e deu à família um dos primeiros – entre tantos – sustos.

Yoshie tomou conhecimento de sua doença hereditária em 1974, fato que mudou radicalmente sua vida. Ficou um pouco desmotivada e perdeu, de certa forma, uma parte da razão de viver. Nessa época, foi internada no Hospital Beneficência Portuguesa. Concomitantemente, ocorreram outros problemas e situações difíceis, como a necessidade hipócrita de nosso pai de cuidar de todos os parentes em dificuldades.

Em 1974, nossa mãe, Yoshie, deveria ser submetida a uma cirurgia pela equipe do dr. Zerbini. Mas o grande problema era que na época não existiam técnicas avançadas para esse tipo de procedimento médico, portanto, havia grande possibilidade de que os resultados da intervenção não fossem satisfatórios e a levassem à morte.

Desconsolada, um dia acabou recebendo a visita de sua irmã, Yoshico, que lhe indicou um médico coreano. Este lhe recomendou um tratamento alternativo, que consistia de medicamentos artesanais – tratamento a que se submeteu por mais de vinte anos!

Por curiosidade, dez anos antes, eu, Edmir, visitei uma curandeira índia na cidade de Campinas, no final da década de 1980, indicada por um professor da Pontifícia Universidade Católica (PUC) de São Paulo. A curandeira disse-me que minha mãe teria um problema no estômago e que deveria tratá-lo com medicamentos à base de flora. Não é necessário dizer que, na época, ninguém acreditou na recomendação da índia.

Em 1996, Yoshie deu-nos um segundo susto: foi internada e houve a descoberta de uma úlcera no duodeno. Depois de muita esperança, ela se recuperou em meio a uma cozinha que lhe havíamos comprado.

Yoshie veio a falecer em 1998, por causa da úlcera do duodeno não diagnosticada até 1996. O tratamento, feito por um médico japonês que tinha uma clínica na Rua Bom Pastor, foi equivocado.

A dor da perda foi uma das maiores que já sentimos – se não a maior –, tal era a relação de amizade e respeito que existia entre nós. Durante vários anos, carregamos a dor de sua ausência e só atualmente nos conformamos com o fato, se bem que ainda o norteamento de nossas vidas, talvez como um arquétipo dominante, ainda se faça sentir.

3

As contribuições da imigração japonesa e as histórias de Yoshie

Teo Torriatte konomama iko
Aisuruhito yo
Shizukana yoi ni
Hikario tomoshi
Itoshiki oshieo idaki[5]

Brian May, 1976

[5] Trecho da canção Teo Torriatte (Let us Cling Together), gravada em 1976 pelo grupo inglês Queen, no álbum *A Day at the Races*, referindo-se à saudade e ao amor por alguém que muitas lições nos deixou.

As histórias e ensinamentos de minha mãe

De forma direta, a nossa mãe representa a geração de mães das décadas de 1950 e 1960. A sociedade brasileira (como a norte-americana na mesma época) seguia valores muito tradicionais, sendo o matriarcado sua principal característica. Uma sociedade matriarcal prima por colocar a família como seu ponto central, no qual a presença da mãe é de vital importância para a futura aderência dos filhos junto à comunidade. O pensamento é de longo prazo e galgado em relacionamentos. A quebra desse pensamento só começou a ocorrer a partir da década de 1970.

Dessa forma, mesmo em detrimento das diferenças significativas com o meu pai e seus respectivos parentes, minha mãe resolveu eleger seus filhos como prioridade – o que resultou numa série de contribuições qualitativas ao perfil de seus descendentes. Valores morais, éticos de práticas de comportamento foram semeados, com grande paciência e louvor, por Yoshie.

Seguem-se algumas curiosidades, alguns ensinamentos e algumas práticas culturais no contexto da sociedade nipônica, que envolvem Yoshie.

Gastronomia ou culinária?

A gastronomia japonesa é uma das contribuições mais conhecidas no cenário brasileiro e por que não dizer, internacional, como também seus desdobramentos. Desde o famoso e tradicional *sukiyake*[6], até o *manju*[7], cozido em panela especial[8], a culinária tem como principal característica o aspecto artesanal e artístico, que vem, de certa forma, confirmar que não comemos simplesmente pela boca, mas também com os olhos.

No início do processo imigratório, os japoneses tiveram de adaptar muitos utensílios, bem como alimentos de terras brasileiras, substituindo verduras por plantas silvestres, por exemplo. Um desdobramento curioso – e que durante muito tempo foi e ainda é uma lenda urbana para alguns – é a realização de festas quando do falecimento de entes queridos. De fato uma tradição respeitosa, as ditas "festas" constituem um ritual antigo e dizem respeito à reverência e à hospitalidade. Dessa forma, parentes de localidades distantes pernoitavam ou viajavam muitas horas e até dias para reverenciar os mortos. A oferta de comes e bebes a tais parentes era uma gentileza. Como a culinária japonesa é rica em cores

[6] Prato típico à base de carne cozida com legumes – de preferência, cozidos no molho *shoyu*. Os legumes são variados e foram de certa forma adaptados aos recursos locais, porém, é comum a utilização de acelga como folha principal. Alguns cozinheiros depositam um ovo cru inteiro ao servir o prato aos convidados.

[7] Bolinho doce recheado com massa de feijão *azuki*. O bolinho é cozinho numa panela especial, que utiliza o vapor d'água obtido com a fervura da água no próprio interior da panela.

[8] Grande panela de alumínio com "andares" internos onde os bolinhos de *manju* são depositados. No fundo da panela é colocada água que, aquecida, cria o vapor que proporciona o cozimento. Os ocidentais tentaram de várias formas sua montagem e comercialização, sem êxito, uma vez que a panela original deve ter a altura adequada para o cozimento, enquanto os clones, por razões comerciais e falsamente estéticas, têm altura bem menor.

e variedades, muitas pessoas de fora imaginavam uma espécie de festa, o que não era verdade.

Ainda sobre a gastronomia, é normal começar o ano-novo consumindo o *ozoni*, espécie de sopa à base de *moti*[9], *shoyu*[10], *irikô*[11], cebola e outros condimentos, que garantirá fartura e felicidade durante todo o ano. O *moti* também deve ser consumido *in natura*, para que se mantenha o sucesso durante o ano que se inicia.

Um dos pratos mais saborosos da gastronomia japonesa é o *nishimi*, uma espécie de sopa composta por *cobô*[12], *lenkon*[13], *gobô*[14], *konnyaku*[15], *shitake*[16], entre outros ingredientes, e tudo regado a *shoyu*. O bambu – que faz parte da cultura milenar japonesa – deve ser incorporado ao *nishimi* e, se bem preparado, constitui um ingrediente bastante apreciado pelos japoneses.

O *shoogatsu* é o último dia do ano e tem um importante sentido cultural e familiar na tradi-

9 Bolinho típico japonês à base de arroz *moti-gome*. Existe um ritual em que o arroz é socado constantemente para a obtenção de uma massa bastante consistente e homogênea. Traz boa sorte ao ser consumido no primeiro dia do ano.

10 Molho à base de soja, típico da culinária e ingrediente obrigatório quando se consome o *sashimi*, por exemplo.

11 Pequenos peixes secos, geralmente de água doce e classificados por números de acordo com o tamanho.

12 Algas marinhas que mantêm o equilíbrio do ecossistema marinho. Como o Japão é um arquipélago, seus habitantes tiveram de se utilizar de todos os recursos disponíveis, entre eles os existentes na flora e fauna marítimas.

13 Raiz de lótus com diversos furos, que, segundo dizem, tem função terapêutica.

14 Raiz que em português é conhecida por bardana.

15 Batata japonesa triturada e preparada com uma espécie de cal, tornando-se uma gelatina que deve ser cozida.

16 Espécie de cogumelo oriental que pode ser consumido em rápido preparo com manteiga.

ção japonesa: é a ocasião em que se prepara boa parte da culinária japonesa.

Em dias comuns, é hábito a famosa sopa *missoshiro*, à base de água, pasta de *missô*, *shoyu*, *saquê* mirim, *tofu* e cebolinha. Ela deve ser consumida no início das principais refeições – almoço e jantar. Tem função depurativa no sistema circulatório e função energética.

Os *bentôs* são espécies de marmitas com diversas porções de comida, freqüentemente consumidas por operários.

Sobre a morte, a herança e os velórios...

A prática segundo a qual o filho mais velho assume o dever de cuidar dos pais e o direito de herdar os bens denomina-se *choonan*.

Por ocasião do velório de um ente querido, é prática tradicional que os convidados presenteiem com o *koden*, um envelope branco que contém um valor em dinheiro, doado à família do falecido. É normal também que a mesma família retribua com uma toalha na ocasião da missa de sétimo dia, em agradecimento ao respeito dedicado ao falecido. Esta retribuição se chama *kooden-gaeshi*.

Segundo outras famílias japonesas, o hábito de presentear com toalhas é antigo e atualmente se utilizam outros presentes mais nobres e significativos.

Outro costume tradicional é depositar na roupa do falecido um número de moedas para favorecer sua passagem para o outro mundo. Outras culturas têm hábitos similares, principalmente no tocante às moedas oferecidas aos mortos, que servem como pagamento para a transição para o outro lado.

Sobre as práticas diárias e comportamentos

O *nogareru* é uma expressão muito utilizada por nossa mãe, e que tinha um sentido figurado. Ela sempre comentava que, ao dar uma esmola ou mesmo fazer uma boa ação, as coisas ruins que poderiam acontecer eram cortadas. Entretanto, o princípio fundamental era que as pessoas não deveriam fazer coisas boas esperando uma retribuição, mas que coisas boas deveriam ser feitas com freqüência e que atraíam influências similares, desde que oferecidas de coração. Exemplo de um fato que aconteceu com Takao, que ilustra o *nogareru*: um dia ele e alguns amigos iam, a cavalo, a uma reunião de jovens. O cavalo em que ele estava montado tropeçou ou se assustou com alguma coisa e o derrubou, caindo sobre ele. Todos pensaram que ele tinha morrido, devido ao peso do cavalo. Para espanto de todos, nada lhe acontecera, porém o *omamori*[17] que ele carregava havia se partido ao meio, isto é, *nogareru*, o que era para ter acontecido com ele foi absorvido

17 Espécie de amuleto japonês em forma de santo.

ou cortado pelo amuleto, da mesma forma quando ocorreu a enchente envolvendo Toyono. Diz a tradição que, ao se quebrar um copo ou prato, nunca devemos lamentar o fato. Significa que alguma coisa ruim que era para acontecer com a pessoa foi anulada pelo objeto quebrado.

Uma prática tradicional entre os japoneses e que se perpetua – atualmente, porém, sem grande freqüência – é o *miai*, que consiste em os pais de diferentes famílias apresentarem seus filhos para casamento. De certa forma, os filhos são prometidos para união futura, a fim de se manter a continuidade nipônica nas famílias.

Outra prática interessante consiste em que os noivos devem trocar de residência e família algumas semanas antes do casamento. O noivo vai morar provisoriamente na casa da noiva e vice-versa, para estreitar e aprofundar as relações entre as famílias.

Sobre as histórias lúdicas de família

Muitas histórias embalaram nossas infâncias e crescimento. Muitas delas, de origem pitoresca, permearam nosso inconsciente durante muitos anos e, se contadas no cinema, dariam um bom roteiro, inclusive a história do saci-pererê.

Entretanto, o que será relatado a seguir não é ficção ou delírio; são situações que ocorreram de forma, às vezes, inexplicável. A nossa mãe falava-nos de uma entidade chamada *tanuki*, misto de raposa e mais alguma coisa. Segundo alguns descendentes, trata-se de um guaxinim, embora não haja consenso. Animal esperto, parte do folclore nipônico, conseguia, com muita astúcia, hipnotizar as pessoas em busca de comida. Conta-se que em um casamento na cidade de Registro, por exemplo, trocou parte da comida da festa por fezes. Interessante é que diversas culturas, como a egípcia, chinesa e outras têm como objetos simbólicos animais que representam uma minoria inteligente em nossa sociedade.

Falando em animais, sempre consideramos o cachorro como o melhor amigo do homem, até o dia 25 de janeiro de 1996. Embora fosse feriado em São Paulo, eu, Edmir, trabalhava na multinacional Lloyds Bank, que tinha filiais em todo o Brasil, por isso, prestei meio período de trabalho e voltei para almoçar em casa. A surpresa foi que alguém (ou algo) deixou no terreno de casa uma gata, filhote de poucos meses. Nossa mãe contava sempre que gatos de três cores traziam muita sorte, e ao vê-la, adotou-a com todo o carinho. Foi chamada de Micky e nos trouxe muitas felicidades e alegrias, além de três crias: Naná, Lili e Riquinha, gêmeas que nasceram em 22 de novembro de 1998. A gata Micky desapareceu em 22 de dezembro de 1996, após uma briga com o segundo irmão mais velho. Procuramos durante muito tempo e até anúncio em jornal foi colocado, porém sem sucesso. As crias, ainda pequenas, ficaram juntas (após o desaparecimento da mãe) dentro de uma caixa de madeira onde Micky se instalara no banheiro de nossa casa.

Lembramos, claramente, que as gatas não se alimentavam, e tivemos de alimentá-las com gotas de leite de vaca fervido, que introduzíamos nas bocas, em gotículas. Lembramos que o primeiro sólido que a Naná consumiu foi uma pipoca que havia caído no chão da sala!

A primeira a nascer foi "o" Ricky (em alusão ao cantor Ricky Martin, em evidência na época), que depois descobrimos ser uma fêmea (daí o nome posterior de Riquinha). Gata toda preta, toda bonita e vesga, com uma mancha branca no peito. Logo em seguida, nasceram as gêmeas quase idênticas – quase, pois a Lili veio com uma ponta branca no rabo e a Naná com um grande rabo semelhante ao da mãe. Logo, uma hierarquia de preferências formou-se e a Lili passou a ser a dominante e mais temperamental das irmãs e a preferida de Edna. Eu, Edmir, adotei a Naná como a minha preferida, pois é a maior das três irmãs. Eu e minha irmã adotamos a Riquinha também como nossa preferida. Lembro que as duas – Lili e Riquinha – ficaram doentes e quase morreram, ainda jovens, e foram utilizados todos os recursos disponíveis para salvá-las, inclusive UTI. A Riquinha ficou com seqüelas – falta de movimentação em uma das patas traseiras e convulsão mensal tratada à base de Gardenal.

Engraçado que cada gata acabou tendo uma personalidade diferente e distinta: a Naná tornou-se altiva e distinta; a Lili, temperamental e carinhosa; e a Riquinha, graciosa e engraçada.

Infelizmente, logo após a meia-noite do dia 27 de dezembro de 2007, perdemos a Lili, operada em setembro vítima de câncer; no mês seguinte foi castrada, para que o câncer não evoluísse de forma tão rápida. Acometeu-lhe, no entanto, a falência dos rins, e sua morte foi calma e ao que parece – pois aconteceu na residência da veterinária –, sem sofrimento. Sentimos muito a perda dessa gata que tantas alegrias nos trouxe, sem nos cobrar nada em troca. Com certeza, teremos de suportar a sua ausência.

Tivemos vários animais, entre cachorros e gatos. Dos cães, tivemos o Pirajara, vulgo Peri, o Lobinho e o Lucky. Posteriormente, após a Micky, tivemos o Nenê. Em novembro de 1997, apareceu em nossa residência, à noite, um gato preto, com as patas brancas e uma pequena mancha também branca no pescoço. Lembro que apareceu na janela, miando baixinho e mexendo a língua em sinal de fome. Demos comida a ele que, depois disso, começou a utilizar nosso quintal como sua casa. Não foi possível deixar de adotá-lo, porém, não o colocamos dentro da casa, em virtude de termos três gatas fêmeas não castradas. Desconfiamos que ele fosse o pai das três gatas! Bochechudo e gordo, logo o apelidamos carinhosamente de Nenê – paradoxalmente, o gato não aparentava ser muito novo, mas era muito charmoso e esperto, chegando a ponto de olhar dos lados para atravessar a rua e ir namorar em outras vizinhanças. Parece que namorar era seu objetivo contínuo e o chamávamos também Gato Gable, em alusão ao ator Clark Gable, de "E o vento levou". Namorador e malandro no bom sentido, provavelmente o pai de muitos gatos na região do bairro de São João Clímaco e do Sacomã, ganhou algumas inimizades na vizinhança, que o juraram de morte; três anos depois de sua chegada tivemos de prendê-lo, para sua segurança, numa outra casa de nossa propriedade no bairro do Ipiranga. E lá ficou por seis anos, sendo de Edna a responsabilidade de cuidar dele diariamente. Um dia, tivemos de transferi-lo para nossa residência, pois ficou muito doente, e dois dias depois, no dia 9 de janeiro de 2007, veio a falecer. Engraçado que sempre imaginei tê-lo para sempre como gato de estimação, escutando seu miado suave e amigo, avisando que tinha chegado ou mesmo o carinho que ele nos proporcionava, batendo sua cabeça com força em nossas pernas e pés. Sempre tivemos – eu e minha irmã – um carinho especial por esse gato. Lembro de suas grandes bochechas, que depois descobrimos tratar-se de uma inflamação – devidamente cuidada. Imaginávamos trazê-lo para o nosso convívio e fazer a toda hora grandes carinhos. Infelizmente, se existir um céu para animais e uma entidade divina que goste deles, resolveu chamá-lo agora. E se existir este céu para animais, com certeza ele estará brincando e demonstrando todo seu charme e espírito amigo e namorador. Depositamos nele todo o nosso amor, respeito e carinho, pois demonstrava ser uma boa criatura. Em vários momentos, o presenciamos dividir a ração com gatos amigos, inclusive Kiko, que apareceu nas redondezas em outubro de 1997 e morreu atropelado em 15 de janeiro de 1998. Aproveitando, como temos muitos gatos, homenageio também o Tico, Teco, Marronzinho e Juanita, mas isto já é outra história, que será contada oportunamente.

O registro dessas histórias é importante, pois os animais tiveram e têm uma grande importância na cultura japonesa e em nossa família, principalmente para mim e minha irmã. Embora a mídia constantemente venda a tecnologia nipônica utilizada para a construção de animais robôs, trata-se realmente de uma projeção cultural sobre os animais.

Existe certa desconfiança não comprovada da relação entre os animais e as pessoas. Contava o professor universitário Jorge que o gato de seu pai se suicidou pulando da janela do apartamento pela manhã, enquanto seu pai falecia à noite. Minha mãe quase faleceu em 1996, mesmo ano em que a Micky, sua gata, desaparecera. Meu grande receio era que com a morte de meu pai em 10 de agosto de 2007, algum gato também morresse. Infelizmente, se tal relação tem certa credibilidade, foi a Lili. Ambos morreram de falência dos rins. Espero viver muito e com bastante saúde, então!

Atualmente, temos o Sukito (grande, castrado e loiro, abandonado por alguém); a Xuxa (gata toda preta, irmã da Xena, que desapareceu, e mãe do Tico e do Teco), que mora conosco junto com a Naná e a Riquinha. Além desses temos, Lulo, Juju, Palhacinho, Rajadinho, Tiazinha, Fafá, Lalá, Fifi, Cicarelli, Guinho (vulgo Sininho, pois chegou a nossa casa abandonado, com um sininho em seu pescoço), Mimi, Fifi, Pretinha, Niki, Vivi, Ronnie Von, Cicinho, Gigi, Jedi, Yoda, Léia, Nanny, Nika, Sissi, Nino, Nina, Chiquinho e Chicão e o Robinho (que acreditamos tenha sido assassinado pela vizinhança).

O trato dos animais possui uma função que consideramos terapêutica em muitos momentos. Os animais, e os gatos em especial, fazem com que haja uma reflexão interna e a diminuição do nervosismo e ansiedade. Tudo começou com a Micky, adotada por nossa mãe. Se existem anjos, eles devem ter também a forma de gatos; dessa forma, fomos muito bem agraciados.

O final

Uma das curiosidades da vida é que não percebemos, muitas vezes, o que poderá acontecer no futuro, ou mesmo o que está ocorrendo em torno de nós. Em 17 de maio de 1998, nossa mãe faleceu no Hospital Nossa Senhora de Lourdes. Curioso é que ela acabou se despedindo antecipadamente de seus filhos. Comprou uma lembrança para mim, Edmir, e para a Edna e solicitou ao Edmur que comprasse *yakissoba* – seu prato preferido – na mesma noite em que passou mal. Lembro-me que alguns dias antes comentou estar arrependida por não ter se submetido à cirurgia, décadas atrás, pela equipe do dr. Zerbini. Retrucamos que as técnicas na época estavam em fase inicial e que a probabilidade de sucesso era bem menor.

Alguns dias depois de sua morte, sonhamos na mesmo noite – eu, minha irmã e meu pai – que estávamos conversando com ela junto a seu sofá preferido.

Costumava comprar periodicamente frutas para nossa mãe e, após sua morte, uma grande dor em nosso peito se estabelecia quando visitávamos um supermercado.

Alguns fatores endógenos podem se tornam elementos motivacionais. Uma das grandes razões de hoje, eu, Edmir, ter conseguido minha titulação acadêmica e evolução profissional, foi a presença de minha mãe, que insistia constantemente na formação escolar e nos trabalhos corporativos. Em muitos momentos de desespero, lembro-me dos conselhos que ela sabiamente me dava, para que eu continuasse a estudar mesmo contra todas as adversidades econômicas que surgiram.

Na ocasião de sua morte, houve a coincidência do final do prazo da entrega da minha tese de doutorado e era conhecida a informação que nenhum aluno conseguiria maior prazo. Quase desisti; porém, em virtude de todos os estímulos que me dera, busquei uma força interior e fiquei em torno de 15 noites sem dormir para cumprir o prazo. Tudo em razão de minha mãe. Se eu pudesse traduzir em uma expressão positiva, ela poderia ser: Faça!

Um dos maiores mistérios da humanidade ainda é a morte. Para alguns, trata-se de uma passagem para um outro mundo, constituindo-se no início de uma jornada. Para outros, pode se constituir simplesmente no final de um processo. Em nosso caso, entendemos que as experiências, a força, o dinamismo, as posturas e a imagem figurativa de Yoshie deveriam ser registrados de alguma maneira, pois se constituem num modelo de vida que tradicionalmente não existe mais na sociedade contemporânea.

4

Memória, Construção, Conhecimento e Contribuição

The rust never sleeps.

Neil Young

O que é História e o que é Memória

Na atualidade, a expressão "gestão do conhecimento" tem sido utilizada de forma banal, por vezes filosófica e nem sempre de forma aplicativa ou mesmo ousada. A bem da verdade, procura-se, em muitos casos, o resgate daquilo que os indivíduos acreditam ser importante e dentro de uma visão de mundo reducionista. Lembro-me de uma cena da primeira versão do filme *The Time Machine*, em que os futuros descendentes guardavam os livros, mas não os utilizavam, deixando-os literalmente às traças, fato esse que ocorre de forma análoga a muitas empresas ou comunidades em relação a sua experiência.

A memória não pode limitar-se a ser simplesmente um fragmento de uma realidade, e a história não deve ser encarada somente como uma totalidade de eventos e situações, mas sim uma realidade contextualizada. Em sala de aula, tentamos explicar o que foram, por exemplo, as décadas de 1950-1960 e as ilustramos exibindo filmes como *How green was my valley* ou mesmo *Invaders from body snatchers*, pois aquele trata de um momento econômico, este cuida de uma situação política, ambos ambientados nos Estados Unidos da América. São recortes abstratos de realidades individuais, que correspondem às observações parciais (e neste caso, como antônimo à imparcialidade) da chamada história real.

Conversando com alguns historiadores, eles afirmaram que a história não precisa, necessariamente, estabelecer os fatos como eles realmente aconteceram, mas, sim, dentro de uma visão interpretativa e reduzida a um foco – seja ele econômico, político ou social, por exemplo. Dessa forma, talvez muito do que conhecemos hoje como o nosso passado seja simplesmente uma visão interpretativa ou mesmo tendenciosa de um indivíduo que tenha tido determinado tipo de experiência e relacionamento, sendo então uma visão, por vezes, equivocada da real situação ocorrida.

Assim, entendemos que a memória deva ser um registro imparcial de um momento e de uma realidade, cuja interpretação e análise poderão ser realizadas numa óptica fundamentada, desde que alicerçada por um fato concreto e não subjetivo.

Contextualizando os enunciados, sabemos hoje que o Brasil não foi descoberto por acaso e que os "caras pintadas" talvez não representassem tanto uma comoção política, e sim um relato tendencioso e situacional. Da mesma forma ocorreu com a imigração japonesa. Se, por um lado, a imagem é o êxodo nipônico, e suas contribuições aos cenários econômico e cultural – principalmente – são enaltecidos, a mentira, o sofrimento e o abandono por parte daqueles brasileiros que negociaram a imigração japonesa nunca foram retratados de forma pontual. Mesmo nos Estados Unidos, foram construídos na época campos de concentração para prender os japoneses residentes no país.

Outro fator importante é a reconstrução da memória, processo em que os indivíduos tendem a registrar certos fatos e a descartar outros, situação similar à do *Campo dos sonhos*, de Stephen King. O processo de memorização, então, acontece de forma seletiva, se não induzido para o foco.

Dessa forma, a contribuição deste trabalho não se reduz a uma homenagem intimista sobre fatos interpretados do passado de uma família, mas consiste, sim, em relatos reproduzidos com base em depoimentos e observações empíricas que tentam retratar um momento histórico e que, em conjunto com outros, pode reproduzir o fenômeno da imigração japonesa no Brasil.

Pretendemos, com este trabalho, oferecer um retrato – sem redundância do termo – da evolução histórica e da expansão de seu conteúdo pela ampliação das pesquisas quantitativas e qualitativas e registro pontual a cada cinco anos envolvendo as famílias mencionadas. Resta aqui, então, não somente a homenagem, mas também um material para a contribuição e a discussão do fenômeno da imigração japonesa no Brasil.

Caderno de Fotografias

Toyono, na última fileira, a terceira a partir da direita, aos 18 anos de idade, no Japão (século XIX)

Kameichi e Toyono em Brodósqui, 1917

Família Kuazaqui em Presidente Prudente, 1930. Iorucika, primeira criança a partir da esquerda

Estação Presidente Prudente, 1930

Parentes maternos em Registro, década de 30

Paula, Tyoko, Toyono, Takao, Yoshie e Carlos, 1930

Yoshie, Takao e sua esposa, e Toyono, novembro de 1948

Yoshie, na segunda fileira, a sexta a partir da esquerda, no primário em Registro, 1944

Yoshie, na primeira fileira, a quarta a partir da esquerda, aos 13 anos de idade, em Registro

Em Registro, janeiro de 1936

Yano, Yoshie, esposa de Yano e Yoshiko, em Registro, década de 70

Yoshie ainda adolescente em Registro, na formatura de datilografia

Yoshie e Kikue, década de 50

Em Registro, 20 janeiro de 1935

Yoshie, Tioko, Toyono em Registro, década de 40

Documento de família

Takao e esposa, década de 30

Takao na Vila IVG, década de 70

Yoshiko em Registro, década de 40

Kikue Kameoka (Paula), segunda a partir da direita, em Registro, década de 30

Paula Suetomo, primeira a partir da esquerda, São Paulo, 1936

Mitsuko Kameoka (Margarida), primeira a partir da direita, na formatura de sua filha Toshie, década de 60

Casamento de Yoshiko, em Registro, década de 30

Tyoko e Mitio, década de 50

Yoshie e Iorucika Kuazaqui, em cerimônia de casamento, São Paulo, 1953

Yoshie em seu casamento

Yoshie e Iorucika, casamento civil, São Paulo, 1953

Iorucika e Yoshie no Museu do Ipiranga, década de 50

Iorucika e Yoshie no Parque
D. Pedro, 7 de junho de 1953

Yoshie, Edna, Edmur, Edson e Iorucika, 1960

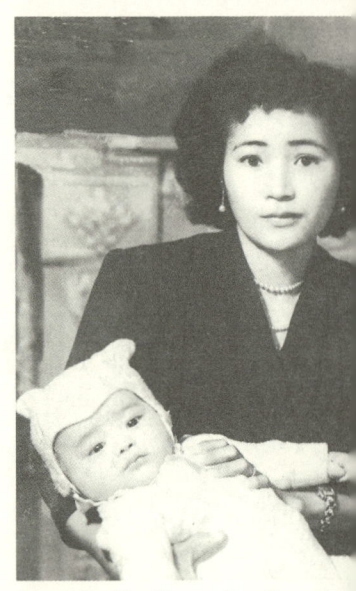

Edmur, Yoshie, Edson e Iorucika, São Paulo, 1955

Aniversário de Edson, São Paulo, 1954

Yoshie, Iorucika e Edson no Museu do Ipiranga, 1955

Edmur, Edson, Yoshie, Iorucika, Edna e Edmir, década de 70

Nalzira, Yoshie, Iorucika, Satoshi, Edna e Edmur, em Santos, década de 60

Família Kuazaqui em sua residência, década de 60

Yoshie, Edna, Edmur, Edson e Iorucika, Museu do Ipiranga, década de 50

Yoshie e Toyono em dia de luto na Vila IVG

Toyono e Yoshie em Registro, década de 50

Edna, Toyono, Edmir e Yoshie em Sapopemba, janeiro de 1968

Yoshie, Edna e Edmir na chácara em Sapopemba, década de 60

Yoshie e Edmir em Sapopemba, 1964

Edson e Yoshie, década de 60

Edna e Yoshie, década de 50

Yoshie, Edna e Edmur em casa, década de 60

Falecimento de Kameichi, 25 de março de 1935

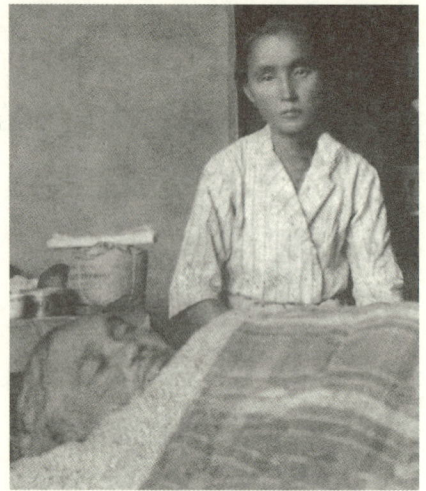

Ocasião da compra de um terreno na Rua Alencar de Araripe, década de 60

Paulo Nakajima, Tyoko, Toyono, Yoshie e Edmir, na Vila IVG

Em Vila IVG, 1970

Plástico Piloto, década de 60

Iorucika na Indústria de Plástico Piloto, 1960

Plástico Piloto, São João Clímaco, década de 60

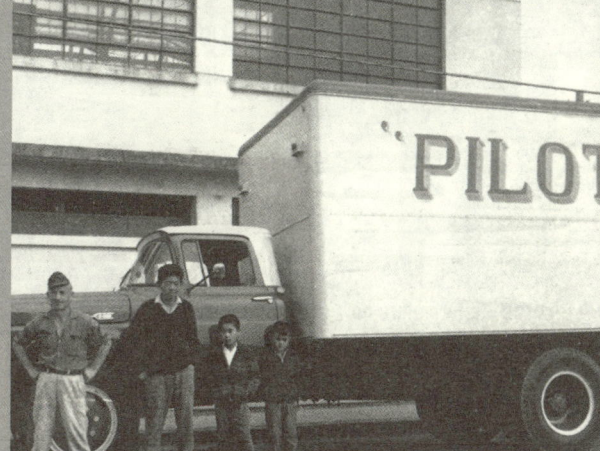

"Espanhol", um amigo, Edson e Edmur

Formatura de Edna, 1967

Edson em formatura no primário, ao lado de Edmir, década de 60

Edson em formatura no primário, década de 60

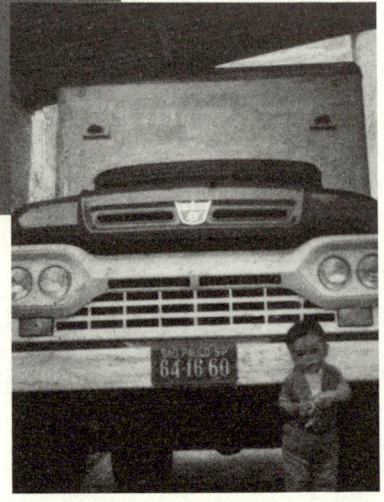

Edmir na Indústria de Plástico Piloto, 1965

Edna, Edmur e Edson, São João Clímaco, década de 60

Tata e Edna, primórdios de São João Clímaco

Edna em primeira Comunhão, São João Clímaco, 1966

Edmir em São João Clímaco, 1964

Edmur, na segunda fileira, o primeiro a partir da direita, no primário, década de 60

Edmir, na terceira fileira, o primeiro a partir da esquerda, no primário, década de 60

Edmir, na segunda fileira, o segundo a partir da direita, na formatura do ginásio

Porto de Santos na década de 60, antes da viagem ao Japão de parentes paternos

Riquinha, Lili e Naná, 1996

Nenê

Nenê 1

Micky, 1995

Naná e Lili, 1997

COLABORARAM NESTE LIVRO

Supervisão editorial Maria Elisa Bifano
Coordenação editorial, projeto gráfico, composição e capa Et Cetera Editora
Produção gráfica e direção de arte Vivian Valli
Assistente de produção Regiane Wagner Jorge
Revisão Kleber Kohn/Et Cetera Editora

FICHA TÉCNICA

Impressão Geográfica Editora
Papel Cartão Ópera 250g/m² (capa), Pólen Soft 80g/m² (miolo)
Tipologia ITC New Baskerville 11/16

Para preservar as florestas e os recursos naturais este livro foi impresso em papel 100% proveniente de reflorestamento e processado livre de cloro.